LA GUERRA DE YOM KIPUR

El conflicto que provocó la primera crisis del petróleo

Por Audrey Schul
En colaboración con Thomas Jacquemin
Traducido por Laura Goler Pinson

Historia · en50MINUTOS.es

LA GUERRA DE YOM KIPUR

DATOS CLAVE

- **¿Cuándo?** Del 6 al 26 de octubre de 1973.
- **¿Dónde?** A orillas del canal de Suez, en la península del Sinaí y en los Altos del Golán (región del suroeste de Siria), así como en las regiones vecinas.
- **¿Contexto?** El conflicto árabe-israelí.
- **¿Beligerantes?** Israel contra Egipto y Siria, apoyados por Marruecos, Arabia Saudí, Jordania e Irak.
- **¿Actores principales?**
  - Golda Meir, primera ministra israelí (1898-1978).
  - Anuar el Sadat, presidente egipcio (1918-1981).
- **¿Resultado?** Victoria israelí.
- **¿Víctimas?**
  - Bando árabe (Jordania, Irak, Siria y Egipto): 9500 muertos y 19 850 heridos.
  - Bando israelí: 3020 muertos y 8135 heridos.

INTRODUCCIÓN

La guerra de Yom Kipur es el cuarto conflicto armado que enfrenta a Israel con países árabes, en este caso, Egipto y Siria, y que tendrá como consecuencia la crisis del petróleo de 1973.

El 6 de octubre de 1973, día en el que los judíos celebran el Yom Kipur (fiesta de la Expiación), los egipcios y los sirios llevan a cabo un ataque armado en la península del Sinaí y en los Altos del Golán. Estos territorios, conquistados por

Israel en 1967, durante la guerra de los Seis Días, primero habían pertenecido a Egipto y a Siria. A pesar de que las tropas israelíes son inferiores en número a las de sus adversarios, logran avanzar de manera progresiva por Siria y atravesar el canal de Suez, para llegar finalmente al sur y al oeste de Egipto. En ese momento, el Consejo de Seguridad de las Naciones Unidas, junto con la URSS y Estados Unidos, decreta un alto el fuego para dejar paso a las negociaciones. Se acuerda entonces un plan de paz. Sin embargo, los israelíes, que no quieren ver sus avances interrumpidos, utilizan esta tregua para continuar su conquista, lo que suscita nuevos debates. Se inicia una nueva negociación de paz, que conduce a la normalización de las relaciones entre Israel y Egipto. Esta negociación concluye en 1978 con los acuerdos de Camp David, en los que se especifica que Egipto recuperará la península del Sinaí si respeta la paz con Israel. Así, se abre de nuevo la frontera entre los dos países.

CONTEXTO POLÍTICO Y SOCIAL

CRISIS EN ORIENTE MEDIO

Desde la creación del Estado de Israel en mayo de 1948, las relaciones son tensas entre este país y los Estados vecinos de Oriente Medio. En los años 1960-1970, la situación está lejos de mejorar. En efecto, durante la guerra de los Seis Días, en 1967, el ejército israelí muestra una gran hostilidad hacia Egipto, Siria y Jordania, de quienes toma algunos territorios: la Franja de Gaza y la península del Sinaí a Egipto, los Altos del Golán a Siria, y Cisjordania y Jerusalén Este a Jordania. Tras este acontecimiento, los países árabes adoptan la Resolución de Jartum en septiembre de 1967, que propone:

- una lucha permanente contra Israel para reconquistar los territorios perdidos durante la guerra;
- la utilización del petróleo árabe y su extracción como arma diplomática;
- una solidaridad y una colaboración militar entre los países árabes;
- la defensa de los derechos del pueblo palestino;
- una ayuda económica para Egipto y Jordania.

También es denominada la resolución de los tres «no», ya que presenta un alegato contra Israel en su tercer párrafo, donde dice:

- no a la paz con Israel;
- no al reconocimiento de Israel;
- no a las negociaciones con Israel.

La guerra de los Seis Días es uno de los muchos episodios del conflicto árabe-israelí, y enfrenta a Israel con Egipto, Siria y Jordania del 5 al 10 de junio de 1967. Después de que Egipto bloquee los estrechos de Tirán a los israelíes, estos últimos deciden lanzar un ataque preventivo contra Egipto, que se salda con una victoria. Israel, animado por este triunfo, decide arremeter contra Jordania y Siria. El sexto día marca la derrota de las tropas árabes frente a la ofensiva israelí. Con esta victoria, se incrementa la superficie del Estado hebreo.

Unos meses más tarde, la Resolución 242 de las Naciones Unidas exige que se instaure una paz duradera en Oriente Próximo, que Israel se retire de los territorios ocupados y que los países árabes reconozcan el Estado hebreo. Por el lado egipcio, Anuar el Sadat acepta los términos de la paz, pero Israel se niega a batirse en retirada. A partir de este momento, se bloquean las negociaciones y se instala un *statu quo*.

Los soviéticos, que buscan aliados en la región de Oriente Próximo para obtener influencia en un territorio considerado estratégico, deciden acudir en ayuda de los egipcios y firman un tratado de paz y de cooperación. Así, la Unión Soviética se compromete a proporcionar armas a Egipto y, a cambio, recibe la garantía de poder mantenerse como cabeza de puente en tierras egipcias. Al mismo tiempo, los dirigentes soviéticos se aseguran la fidelidad de Egipto. Pero para los egipcios, las cosas son distintas. Con este tratado de amistad, el presidente confía en una mayor ayuda de su aliado soviético, y le pide armas altamente sofisticadas para vencer a Israel y vengarse de la afrenta vivida en 1967. Pero la URSS solo le entrega armas defensivas, no ofensivas.

Por su parte, Estados Unidos se compromete en 1967, durante unas importantes negociaciones, a apoyar a Israel a nivel político, económico y militar para terminar con los conflictos de Oriente Próximo. Así, Estados Unidos muestra su deseo de que se reconozca el Estado hebreo para que entre en vigor la Resolución 242. De este modo, podría lograr que Israel viviese en paz en la región sin poner en riesgo sus intereses económicos.

LOS PREPARATIVOS DE LA GUERRA

Obviamente, Egipto acepta la ayuda de la Unión Soviética, puesto que le resultaría imposible involucrarse en un combate sin recibir una ayuda militar externa. Sin embargo, en julio de 1972, las relaciones entre los dos Estados se enfrían, ya que la URSS desea conservar un *statu quo* en Oriente Próximo. A partir de ese momento, Anuar el Sadat considera que la presencia soviética obstaculiza su libertad de acción. Además, la URSS se niega a entregarle cierto tipo de armamento. Estas dos razones motivan su decisión de expulsar a los asesores soviéticos presentes en su territorio. Aunque unos meses más tarde se reanudan las negociaciones entre El Cairo y Moscú, la situación sigue resultando tensa. En efecto, Anuar el Sadat se muestra intransigente y renueva su petición de armas ofensivas. Los dirigentes soviéticos, que temen perturbar el clima de tranquilidad internacional, deciden entregarle misiles en lugar de las armas que ha solicitado. De esta manera, aunque la URSS no satisface las exigencias del presidente egipcio, continúa ayudando militarmente al país y, a la vez, se opone a una acción militar.

Sin embargo, Anuar el Sadat va percatándose poco a poco de que ninguna de las dos grandes potencias desea ver un cambio en las relaciones de poder en la región y que, por el contrario, se muestran favorables a una solución política, no militar. Esto se aleja considerablemente de sus ambiciones, ya que él quiere formar una importante fuerza militar para que todo país árabe que se encuentre cerca del Estado hebreo pueda defenderse mejor. Con este objetivo, Egipto recibe un aporte económico de Arabia Saudí, uno de los principales Estados enfrentados a Israel. Además, Egipto se beneficia de una ayuda indirecta de Jordania, que no se compromete abiertamente, pero que participa en la ofensiva contra el enemigo mediante amenazas reiteradas. Algunas de ellas ponen a las fuerzas israelíes en estado de alerta permanente y les impiden concentrarse sobre los frentes sirio y egipcio.

En Siria, la llegada al poder del nuevo presidente, Háfez al Asad (1930-2000), en noviembre de 1970 genera discordia en las relaciones entre ambos países.

Retrato de Háfez al Asad de 1970, poco después de llegar al poder.

No obstante, el nuevo presidente sirio establece una cooperación militar entre su país, Egipto, Irak y, más tarde, Jordania, en caso de que estalle un conflicto con Israel. En efecto, el jefe de Estado se muestra intransigente en política exterior y rechaza cualquier intento de paz con el Estado hebreo. También recibe la ayuda de la URSS, lo que anima al presidente egipcio a mantener con él una buena relación diplomática. Sin embargo, considera que los demás países árabes son conservadores que no participan de lleno en la lucha contra el imperialismo en la región. Esto lo lleva a rechazar las posturas que han tomado durante la Conferencia de Jartum, lo que refuerza su aislamiento dentro del mundo árabe.

A pesar de la ayuda que estos países brindan a Egipto, los Estados árabes siguen estando en desventaja con respecto a Israel, cuyos progresos económicos y sociales, así como su desarrollo militar generan miedo. Por otra parte, los Estados árabes quieren tener más voz en el plano internacional y, por lo tanto, necesitan una fuerza política o económica importante. No obstante, estos tienen en sus territorios una gran cantidad de petróleo, así que deciden utilizarlo y nacionalizan los yacimientos petrolíferos, con lo que este asunto se convierte en un arma política importante. Apoyándose en el valor de sus recursos, resuelven fijar embargos sobre el petróleo a aquellos Estados que se oponen a los planteamientos árabes y lo emplean como un mecanismo de presión para que Estados Unidos termine pidiendo a Israel que restituya los territorios ocupados desde la guerra de los Seis Días. A ello le sigue una amenaza de reducción del volumen de producción e, incluso, una congelación del petróleo. Sin embargo, los países industrializados, como Estados Unidos, Japón y Europa occidental, dependen de las materias energéticas que provienen de los países árabes. Por consiguiente, muy a su pesar, se verán involucrados en estos acontecimientos, aun cuando estos países muestran poco interés político en las reivindicaciones árabes porque apoyan la política israelí.

UN ATAQUE SORPRESA

Cuando estalla el conflicto árabe-israelí, en la escena internacional asistimos a un periodo de calma. En Washington, el secretario de Estado Henry Kissinger (nacido en 1923) piensa que no llegará a producirse una guerra, pero los dirigentes israelíes muestran una mayor desconfianza, teniendo en cuenta las señales que anuncian una posible lucha armada, como los refuerzos de los controles de las carreteras que llevan al canal de Suez, la advertencia de Anuar el Sadat con respecto a Yasir Arafat (hombre político palestino, 1929-2004) en cuanto a un cese del alto el fuego, los preparativos militares de las tropas árabes situadas a orillas del canal de Suez y en los Altos del Golán, etc. Los servicios secretos israelíes deducen de todo ello que puede producirse un ataque, pero no se moviliza ninguna tropa de defensa porque Golda Meir, la primera ministra del Estado de Israel, no termina de creérselo. De hecho, anteriormente, Egipto y Siria ya habían movilizado a sus hombres en multitud de ocasiones, pero no habían llegado a declarar la guerra a Israel. Además, los árabes podrían considerar que la movilización de las tropas israelíes sería un acto de agresión, y no de autodefensa. Así, si Israel atacase, actuaría contra el ambiente de tranquilidad, y esto no gustaría a Estados Unidos, cuyo aporte de armas resulta, con todo, capital.

En la madrugada del 6 de octubre de 1973, Ashraf Marwan (1945-2007), un espía israelí —del que algunos sospechan un vínculo con Egipto—, advierte al Estado hebreo de que el ataque egipcio y sirio es inminente: seguramente se producirá antes de que se ponga el sol. También entrega el orden de batalla y el plan para cruzar el canal que han preparado los egipcios y los sirios. En seguida, Golda Meir reúne a sus principales asesores militares y a los dirigentes políticos correspondientes: Moshe Dayan (1915-1981), Yigal Alón (1918-1980) y Abraham Kidrón. Pero no consiguen ponerse de acuerdo en cuanto al número de efectivos que deben reclutar. El general David Elazar (1925-1976) pide una movilización total —es decir, doscientos mil hombres— y un combate preventivo de las fuerzas aéreas, pero Moshe Dayan se opone a ello y propone una movilización de las tropas necesarias para defenderse. Unas horas más tarde, el Consejo acuerda movilizar reservas a gran escala. Sin embargo, Golda Meir se niega a llevar a cabo ataques preventivos: así, se da por concluido el debate entre Elazar y Dayan. A las 10:00, la primera ministra informa a Estados Unidos de que el inicio del ataque está previsto a lo largo de la tarde, según los servicios de inteligencia, y de que Israel no iniciará las hostilidades.

ACTORES PRINCIPALES

GOLDA MEIR, PRIMERA MINISTRA ISRAELÍ

Retrato de Golda Meir de 1964.

Golda Meir, nacida en Kiev en 1898, es la primera mujer que se convierte en primera ministra de Israel.

En 1948, se encuentra entre las personalidades que firman la declaración de independencia del Estado de Israel. Tras haber ocupado el cargo de embajadora en la URSS y el de ministra de Trabajo de 1949 a 1956, se convierte en ministra de Asuntos Exteriores durante el gobierno de David Ben Gurión (hombre político israelí, 1886-1973). Este último le pide que, para esta ocasión, modifique su apellido (Mabovitch) por un nombre hebreo, Meir, que significa «destello brillante».

En 1969, se convierte en primera ministra de Israel. Su mandato se ve marcado por la victoria israelí y la expansión de sus conquistas durante la guerra de los Seis Días. Desgraciadamente, en 1973, los servicios secretos israelíes se muestran incapaces de informar correctamente sobre el ataque árabe durante la fiesta de Yom Kipur, y esto provoca un giro político importantísimo. En efecto, un agente, Ashraf Marwan —del que aún hoy en día se desconoce si también trabajaba para Egipto—, habría avisado al director del Mosad de que era probable un ataque inminente, pero la información no se transmite en seguida. Golda Meir, que se siente culpable por no haber lanzado un ataque preventivo, dimite de su puesto el 11 de abril de 1974 y deja su sitio a Isaac Rabin (1922-1995). Apodada la «abuela de Israel», fallece en Jerusalén en 1978.

ANUAR EL SADAT, HOMBRE DE ESTADO EGIPCIO

Retrato de Anuar el Sadat.

Anuar el Sadat, nacido en Egipto en 1918, sale elegido presidente de la república árabe de Egipto en 1970. Antes que él, su predecesor, Gamal Abdel Nasser Hussein (1918-1970) ya tenía la intención de destruir el Estado hebreo. Desea alcanzar este objetivo y, para ello, implementa una estrategia que consiste en reconstituir la unidad árabe, socavada por la guerra de los Seis Días, para ser más fuerte frente a Israel. Para ello, Gamal Abdel Nasser Hussein decide crear una fuerza económica y militar egipcia. Cuando fallece, Anuar el Sadat lo sucede. Al contrario que su predecesor, que llevaba a cabo una política de defensa de la causa árabe, el nuevo presidente egipcio sirve ante todo a los intereses de Egipto como nación.

En 1973, se une a Siria y lanza las hostilidades contra Israel para intentar recuperar el Sinaí, territorio perdido seis años antes durante la guerra de los Seis Días. Aunque su país sufre una derrota en el plano militar y territorial tras la guerra de Yom Kipur, para Anuar el Sadat, queda restaurado el honor árabe que se había perdido en aquel año.

En 1977, se convierte en el primer dirigente árabe que visita Israel para entrevistarse con el primer ministro, Menájem Beguín (1913-1992), para encontrar una base común. Pero muchas autoridades árabes consideran que esta visita es una provocación. Al año siguiente, participa en la firma de los acuerdos de Camp David para la paz en Oriente Próximo: así, se rompe la unidad árabe contra el Estado hebreo. Ese mismo año, recibe el Premio Nobel de la Paz. En 1979, tras los acuerdos de Camp David, se firma el primer tratado de paz entre Egipto e Israel.

El 6 de octubre de 1981, el presidente Anuar el Sadat es asesinado por miembros del ejército que pertenecen a la yihad egipcia y que rechazan el pacto con Israel.

ANÁLISIS DE LA GUERRA

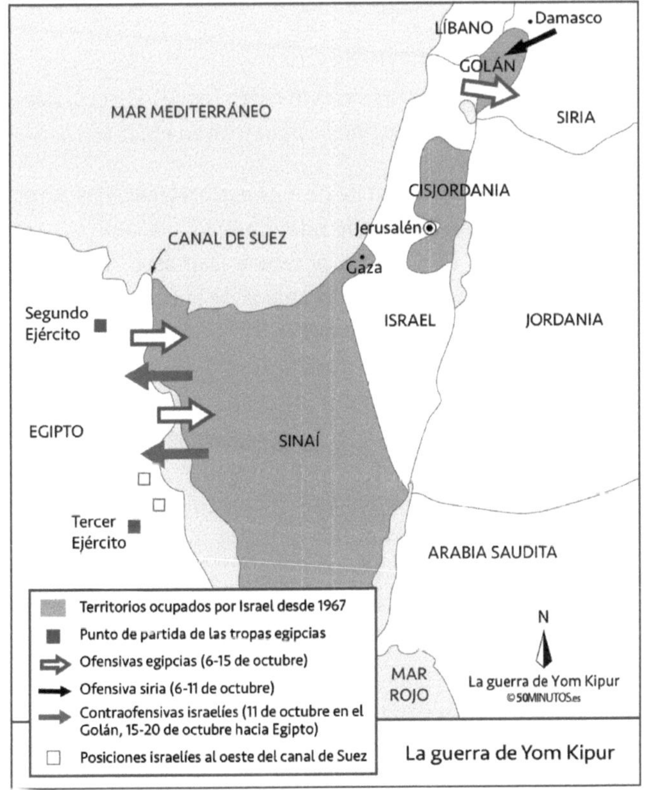

UNA GUERRA EN DOS FRENTES (DEL 6 AL 9 DE OCTUBRE)

Las tropas árabes (Siria y Egipto) lanzan la ofensiva el 6 de octubre de 1973, día de Yom Kipur para los judíos, aprovechando que los efectivos israelíes son menores con motivo de la fiesta religiosa. Desde el principio, atacan a Israel en dos frentes distintos:

- en el norte, las fuerzas sirias invaden los Altos del Golán;
- en el sur, las fuerzas egipcias penetran en el Sinaí.

Así, los ataques afectan a dos zonas estratégicas. Los Altos del Golán son una región de una importancia capital para Israel, ya que le brindan un acceso a Damasco, situada a tan solo cuarenta y ocho quilómetros de la línea del alto el fuego de 1967. Si Israel logra llegar a la ciudad, podría apartar a las fuerzas sirias de la guerra. Pero al ataque del Golán se le adelanta una descarga de artillería que empieza a las 11:58. Durante toda la noche, las tropas sirias prosiguen su avance en el Golán con un objetivo: dominar la mayor parte de territorio posible para tomar el control de las cumbres de la montaña. El 7 de octubre, Israel logra controlar la situación de manera progresiva y, por la noche, el ejército israelí cruza la primera línea de defensa siria y repele a sus blindados. La aviación siria también se ve afectada: los principales aeropuertos sufren bombardeos y los ataques alcanzan Damasco. Así, la represalia israelí sale muy cara a los sirios. El 9 de octubre, Israel logra empujar al enemigo detrás de las líneas del alto el fuego de 1967.

El ataque sirio en el frente del Golán muestra señales de precipitación, mientras que, por su parte, el de los egipcios es lento, pero seguro. La ofensiva del Sinaí se calcula y se prepara con mucha antelación. En efecto, antes de que estallen los primeros combates, Egipto ha instaurado un sistema de defensa aérea gracias a la instalación de lanzadores SAM (misil que se envía desde el suelo y que tiene como objetivo un blanco aéreo) y a la artillería antiaérea que garantiza la defensa de los misiles suelo-aire en la zona del canal de Suez. También ha construido una infraestructura que permite lanzar y respaldar una invasión más allá del canal. Por su parte, los israelíes construyen importantes líneas de fortificación, conocidas con el nombre de línea Bar Lev, al este del canal. Una vez que se han fortificado estas líneas, la Israel Defence Force ya no despliega ningún arma de defensa aérea. Por lo tanto, Egipto se sitúa en primera línea del frente y, además, tiene un armamento muy sofisticado, mientras que Israel se apoya ante todo en sus líneas de fortificación.

El 6 de octubre, las fuerzas egipcias inician las hostilidades. En solo unas horas, se presentan en la orilla este y todos los puestos de la primera línea de defensa israelí sufren ataques importantes.

Aviones de guerra egipcios sobrevolando la línea Bar Lev.

El 7 y el 8 de octubre, Egipto continúa su avance en el Sinaí. Entonces, Israel lanza una serie de contraataques con batallones no coordinados que centran sus esfuerzos en destrozar el mayor número posible de puentes que las tropas egipcias han situado sobre el canal. No obstante, los egipcios llegan a la fortificación de la segunda línea Bar Lev el 9 de octubre y, así, toman el control de toda la orilla del canal de Suez. Israel continúa su defensa, pero no lanza ninguna ofensiva a gran escala.

La línea Bar Lev lleva el nombre del jefe del Estado Mayor israelí, Haim Bar Lev (1924-1994), y estaba conformada por tres posiciones defensivas paralelas. La primera estaba situada en paralelo al canal de Suez. Era bastante vulnerable y su función era canalizar las principales incursiones egipcias en regiones determinadas y expuestas a los contraataques del IAF (Israeli Air Force). La segunda, muy defensiva, amortiguaba todos los ataques enemigos. Para acabar, la tercera, constituida por un conjunto de posiciones fortificadas, solo fue alcanzada por los egipcios en la región del paso de Mitla.

Con el anuncio del inicio del conflicto, la URSS y Estados Unidos no se muestran muy favorables a esta situación. En efecto, la reanudación de las hostilidades en Oriente Medio pone en entredicho el ambiente de tranquilidad instaurado entre las dos grandes potencias. Por consiguiente, ninguna de ellas desea apoyar abiertamente a un aliado, ya que el riesgo de extender este conflicto regional a un enfrentamiento más general es demasiado grande. Por ello, después de que Washington reciba información sobre la ayuda que Moscú ha brindado a Siria y a Egipto, opta por no tenerlo en cuenta para que la situación no empeore. Además, Estados Unidos decide negar toda ayuda militar a Israel y mantener la paz.

EL CONTRAATAQUE ISRAELÍ (DEL 10 AL 13 DE OCTUBRE)

Tras un período de duda, los dirigentes israelíes intentan dominar las operaciones y, el 10 de octubre, deciden avanzar aún más en el frente norte para alcanzar Damasco, sin que ello signifique que quieran ocupar la ciudad. En el frente sur, el gobierno israelí decide preparar las tropas para un ataque a través del canal, que se retrasa voluntariamente para dejar que el ejército egipcio se disperse y se debilite. Por otra parte, concentran sus esfuerzos en la movilización de sus fuerzas aéreas, consideradas una de las mejores del mundo. No obstante, los dispositivos SAM sirios y egipcios resultan ser más eficaces en combate que sus propios sistemas. A partir de ese momento, dado que no logran destruir la aviación siria y egipcia en el suelo, los israelíes se ven obligados a realizar los combates en el aire, donde tienen una cierta superioridad. Los blancos estratégicos y económicos, como la ciudad de Damasco, son los primeros en ser atacados. Al término de esta jornada del 10 de octubre, los israelíes controlan el espacio aéreo de Siria. Presa de pánico, el Estado sirio lanza un llamamiento a los otros países árabes

(Irak, Kuwait y Marruecos) para obtener ayuda militar, que llega al día siguiente. Pero, a pesar de estos refuerzos, Israel continúa sus avances.

El 11 de octubre, Israel lanza una ofensiva general y se adentra unos nueve quilómetros y medio en la meseta siria. Las pérdidas sirias son cada vez más importantes, el país se va debilitando y consigue frenar a duras penas a sus adversarios. Conscientes del peligro que un ataque de tal envergadura provoca, los países árabes (Irak, Marruecos, Jordania y Arabia Saudí) refuerzan su ayuda militar con el objetivo de proteger Damasco y bloquear con la mayor rapidez posible el avance de las tropas israelíes.

En el sur, la situación en el Sinaí está relativamente tranquila. No se tienen datos de ningún ataque de gran envergadura. Los egipcios consolidan poco a poco su posición en la franja que ocupan bordeando el este del canal y, el 13 de octubre, los blindados egipcios cruzan el canal de Suez. Esta maniobra obliga a los israelíes a desplazar algunos efectivos hacia el frente sur para aliviar así el frente sirio.

Tras esta segunda semana de hostilidades, Estados Unidos pide otra vez un alto el fuego, que fracasa porque las dos grandes potencias no logran ponerse de acuerdo sobre la manera en la que se alcanzará una paz definitiva. De ahí en adelante, los dirigentes políticos estadounidenses deciden apoyar abiertamente a Israel, proporcionándole una ayuda militar. Por su parte, la política soviética tiene más matices, ya que oscila entre el respeto de sus intereses internacionales (el acuerdo con Estados Unidos) y sus intereses supranacionales (mantener a los árabes como aliados en Oriente

Medio). El 12 de octubre se retoman las negociaciones con la Unión Soviética. El gobierno israelí se muestra favorable a la nueva tregua presentada, pero la diplomacia fracasa, puesto que el presidente Anuar el Sadat rechaza la propuesta si Israel no se bate en retirada de todos los territorios ocupados desde 1967.

UNA EVOLUCIÓN DIPLOMÁTICA (DEL 14 AL 22 DE OCTUBRE)

A partir del 14 de octubre, la situación se mantiene en el frente del Golán, mientras que en el frente del Sinaí se produce la ofensiva israelí. El 15 de octubre, los israelíes prosiguen sus avances y llegan a la ciudad de Sasa, situada cerca de Damasco. Frente a ellos, los sirios se muestran cada vez más débiles y registran pérdidas materiales importantes: la mitad de la aviación y la mayoría de los blindados han sido destruidos. Pero el ejército sirio mantiene la esperanza gracias a las diferentes líneas de defensa que cierran el camino hacia Damasco, al número elevado de fortificaciones y a las imponentes barreras de artillería, que frenan el avance israelí. Sin embargo, ya no pueden iniciar una contraofensiva a causa de los daños sufridos. Su estrategia se muestra eficaz, ya que los israelíes no consiguen destruir la última línea de defensa antes de Damasco.

El 14 de octubre, Egipto lanza una ofensiva masiva enviando a dos divisiones armadas al este del canal de Suez. Su plan consiste en un ataque frontal que tiene como objetivo tomar ciertos territorios para aumentar el margen de maniobra al este del canal. La Egyptian Air Force participa en este primer ataque por tierra, pero la operación se salda con una derrota. La victoria de Israel en el Sinaí demuestra, por una parte, que la táctica militar israelí está a punto y, por otra, que el ejército egipcio resulta muy vulnerable cuando actúa fuera de su coraza de defensa aérea. Al día siguiente, los israelíes llegan al canal y, el 16 de octubre, Israel amplía su avance: las tropas cruzan el canal gracias a su propio puente de barcos.

Tanque israelí cruzando el canal de Suez.

Las tropas israelíes se trasladan en seguida hacia el norte para destruir los emplazamientos de misiles antiaéreos, para socavar la defensa egipcia. Mientras tanto, Egipto se ve obligado a llamar a unidades armadas del este del canal para frenar el avance israelí por el oeste. Cuando llegan al oeste, los israelíes se dirigen al sur para enfrentarse a unas tropas egipcias cada vez más débiles.

El 22 de octubre, en el momento del alto el fuego pedido por las Naciones Unidas, las posiciones israelíes más avanzadas bloquean la carretera que va desde El Cairo hasta la ciudad de Suez. Sus fuerzas armadas resultan muy eficaces y los israelíes adquieren nuevas tácticas militares con el paso de los días. Las grandes potencias, que observan los éxitos militares de Israel en territorio egipcio, inician importantes maniobras diplomáticas para obtener un alto el fuego lo más rápidamente posible. La URSS y Estados Unidos no quieren que Israel inflija una nueva derrota a los países árabes, puesto que esto provocaría una reducción considerable de la producción petrolífera como represalia contra la actitud israelí. Mientras que durante los primeros diez días del conflicto las declaraciones de las grandes potencias se movían en la ambigüedad, el 16 de octubre dejan clara su postura súbitamente. Sin embargo, esto no contribuye a mejorar la situación, ya que, el 19 de octubre, Israel continúa su avance en Egipto, que cada vez es más vulnerable. A partir de ese momento, los diplomáticos estadounidenses y soviéticos se ponen de acuerdo sobre la necesidad de un alto el fuego inmediato, puesto que la escalada de la violencia es cada vez más inminente. Así, el Consejo de Seguridad se reúne el 22 de octubre de 1973 e instaura un nuevo plan de paz, que llevará el nombre de Resolución 338.

RUPTURA DEL ALTO EL FUEGO (DEL 23 AL 26 DE OCTUBRE)

Unas horas después de la orden de tregua, los israelíes, que no soportan que los hayan interrumpido mientras estaban en posición dominante, deciden mejorar su ubicación. El

23 de octubre, rodean el Tercer Ejército egipcio en la orilla este del canal y se incautan de veinte mil hombres y de dos mil tanques. Para hacer frente a esta ofensiva israelí, el presidente Anuar el Sadat hace un llamamiento a la Unión Soviética para obtener una ayuda que la URSS no le niega para no perder a su aliado. En Estados Unidos, no se ve con buenos ojos el ataqué israelí, porque pone en peligro el proceso de negociaciones iniciado entre los estadounidenses y los soviéticos. Por lo tanto, Estados Unidos ejerce una fuerte presión sobre el gobierno israelí para que este último respete el alto el fuego. Si Israel termina por destruir el Tercer Ejército egipcio, se desmoronará la diplomacia estadounidense en Oriente Próximo.

El secretario de Estado estadounidense Henry Kissinger y el diplomático soviético Anatoli Fiodorovitch Dobrynine (1919-2010) presentan una nueva propuesta de un alto el fuego en Egipto, pero Anuar el Sadat se niega a firmar el acuerdo de paz mientras las dos grandes potencias no garanticen la seguridad de su Tercer Ejército. Entonces, el Consejo de Seguridad presenta un nuevo plan de paz que propone que se confíen las labores de supervisión a una Fuerza de Emergencia de las Naciones Unidas, en vez de a las dos grandes potencias. El 24 de octubre, se despliega un primer grupo sobre el terreno para vigilar los movimientos de las tropas. Durante la noche, el grupo se encuentra con las unidades israelíes y planta la bandera de las Naciones Unidas: así fija el punto de frontera entre los dos ejércitos. El 25 de octubre, Henry Kissinger activa el estado de alerta porque las fuerzas israelíes siguen atacando Egipto, a pesar del alto el fuego. Esto provoca la ira de los soviéticos, que deciden enviar tropas a Oriente Próximo para que se respete el plan de paz. A partir de ese momento, para impedir cualquier intervención soviética en los países árabes, los dirigentes estadounidenses amenazan a la URSS con recurrir a las armas nucleares, si fuera necesario. Frente a la actitud férrea de Henry Kissinger y al miedo de verse involucrado en una guerra nuclear, Moscú renuncia a su intervención que, en realidad, no era más que un mensaje dirigido a Estados Unidos y a Israel para obtener un cese de las hostilidades. Las dos grandes potencias se apresuran por decretar el fin de las hostilidades en Oriente Próximo y, el 26 de octubre, cesan los ataques a ambos lados de las fronteras árabe-israelíes. Vuelve la tranquilidad tras veinte días de combate y se pone punto final a la guerra de Yom Kipur. En total, los israelíes lamentan la pérdida de tres mil veinte hombres y cuentan con ocho mil ciento treinta y cinco heridos en sus filas, mientras que en el bando árabe (Siria, Egipto, Jordania e Irak), se alcanzan los nueve mil quinientos muertos y los diecinueve mil ochocientos cincuenta heridos. Si bien ya han finalizado por completo las hostilidades en el terreno, todavía nos encontramos lejos de una solución a la crisis.

REPERCUSIONES DE LA GUERRA

PRIMERAS NEGOCIACIONES

Han finalizado los combates, pero el Tercer Ejército egipcio sigue atrapado en el Sinaí, y Egipto considera que esta situación es intolerable. Por lo tanto, es preciso solucionar este hecho. Para ello, Henry Kissinger intenta armonizar las políticas israelí y egipcia y, para calmar la situación, el secretario de Estado estadounidense pide al Estado de Israel que garantice el abastecimiento del Tercer Ejército y, al presidente egipcio, que se muestre paciente y moderado. Apelar a la URSS no mejoraría la situación, ya que el resultado de la crisis depende de los israelíes. En este punto, es importante señalar que, durante el conflicto, las principales conversaciones se desarrollaban entre Washington y Moscú, mientras que, a partir de finales del mes de octubre, las negociaciones se llevan a cabo en Jerusalén y en las capitales árabes.

Aunque los dirigentes israelíes han salido vencedores del conflicto, se muestran rápidamente desamparados por la situación en la que se encuentran. Aunque la victoria es suya, observan que los mensajes políticos y diplomáticos han sufrido un gran cambio:

- las relaciones entre Israel y los países árabes se han transformado. En efecto, Israel ya no puede imponer su política, sino que ahora tiene que negociar;
- la implicación de Estados Unidos y de la URSS incrementa el sentimiento de que resulta urgente adoptar una polí-

tica más flexible con los países árabes:

• la derrota de los árabes es relativa. Militarmente, han sido derrotados, pero se reafirman en el plano político, gracias al uso del petróleo como arma.

Por lo tanto, los israelíes ya no tienen la confianza que habían adquirido tras la guerra de los Seis Días. Aunque son conscientes de que deben negociar con los países árabes, se retractan en cuanto tienen que hacer concesiones. Henry Kissinger intenta obtener un acuerdo de paz entre Egipto e Israel rápidamente, pero Golda Meir se muestra dubitativa en cuanto a las propuestas de abastecimiento del Tercer Ejército. Entonces, el secretario de Estado estadounidense la amenaza con reducir la ayuda económica y política a los israelíes y, después de largas conversaciones, la primera ministra israelí termina cediendo. Ya solo queda definir el Estado que vigilará el camino libre hacia el Tercer Ejército. Israel toma la iniciativa, pero Henry Kissinger ya había propuesto a Egipto que sería este último quien efectuaría la misión o que la zona se situaría bajo la vigilancia de la ONU. Así, el plan de paz que Henry Kissinger presenta sigue sin convencer a Israel.

Por el lado egipcio, Anuar el Sadat se muestra conciliador y deja adivinar su intención de alcanzar rápidamente un acuerdo. Cuando Henry Kissinger le anuncia que los israelíes se han negado a ceder el control del corredor, el presidente egipcio, decepcionado, acaba aceptando las condiciones que ha planteado Israel. El secretario de Estado estadounidense, satisfecho por la política conciliadora de Anuar el Sadat, propone que se restablezcan las relaciones entre Egipto y

Estados Unidos. Este acercamiento tiene un impacto directo sobre Israel, que unos días más tarde acepta que el corredor destinado a abastecer al Tercer Ejército sea controlado por las fuerzas de las Naciones Unidas. Este cambio de actitud demuestra que Israel siente temor a perder a los estadounidenses con la reanudación de las relaciones diplomáticas entre EE. UU. y Egipto. El 11 de noviembre de 1973, se firma el primer acuerdo, llamado «de los seis puntos», entre Egipto e Israel. Consiste en:

- una retirada de los territorios ocupados;
- la instauración de las fronteras reconocidas;
- la creación de zonas desmilitarizadas;
- el reconocimiento de las fronteras por parte de los otros países árabes, pero también por parte de Estados Unidos y de la Unión Soviética;
- el reconocimiento de los derechos legítimos de los palestinos;
- el reconocimiento de los lugares sacros de Jerusalén como emplazamientos que revisten un carácter sagrado para las tres religiones.

Los beligerantes se reúnen en el quilómetro 101 de la carretera El Cairo-Suez para firmar el acuerdo de los seis puntos, pero las negociaciones entre Egipto y los países árabes son parciales. Los acuerdos que derivan de ello son, a la vez, el resultado de la diplomacia estadounidense muy intensa y de la política flexible del presidente egipcio Anuar el Sadat. El 21 de diciembre de 1973, se desarrollan nuevas negociaciones en Ginebra, pero fracasan: a principios del año 1974, la política de Oriente Medio se encuentra de nuevo en peligro.

LOS ACUERDOS DE CAMP DAVID (1978)

La guerra de Yom Kipur provoca una auténtica sacudida en Israel. Se pone en entredicho el carácter invencible del ejército y el trabajo infalible de los servicios secretos. Aunque los responsables israelíes de los servicios secretos tenían toda la información necesaria en la que se detallaba la inminencia de un ataque árabe, cometieron errores de interpretación, que fueron a más con los fallos internos. Por lo tanto, no se pudo sacar provecho de la información correctamente. Por otra parte, en cuanto a las operaciones, los israelíes no respetaron las reglas del arte de la guerra, como la economía de las tropas y la concentración de los medios, utilizando la aviación y los tanques de manera poco racional.

Tras estos errores, Golda Meir presenta su dimisión en abril de 1974. Quien la sustituye es Isaac Rabin, cuyo gobierno se verá socavado por múltiples escándalos. Tendrá que convocar nuevas elecciones y Menájem Beguín resultará elegido primer ministro de Israel. Pero estos acontecimientos retrasan las nuevas negociaciones de paz. Por ello, el presidente egipcio, que tiene prisa por concluir un acuerdo, decide ir en persona a Israel. Con esta decisión, Anuar el Sadat se convierte en el primer dirigente árabe en reconocer la existencia de Israel como Estado. En 1978, el presidente estadounidense Jimmy Carter (nacido en 1924) reúne a Anuar el Sadat y a Menájem Beguín en una cumbre en Camp David. Las conversaciones duran más de diez días y llevan a un tratado de paz egipcio-israelí. Sin embargo, la firma de la tregua suscita un gran descontento en la comunidad árabe, que no duda en excluir a Egipto de la Liga Árabe. En 1981, Anuar el Sadat es asesinado por miembros del ejército que desaprueban la paz con Israel.

Aunque el triunfo militar pertenece al Estado hebreo, este conflicto otorga a los árabes una victoria simbólica. Al utilizar el petróleo como arma y al exaltar las confrontaciones entre las dos grandes potencias, los países árabes han logrado imprimir un carácter mundial a esta crisis, y han conseguido que la lucha árabe-israelí entre en una nueva dinámica. Al fin resurge la solidaridad entre los países árabes, unidos frente a Israel, y esto representa un gran triunfo para ellos.

UN CONFLICTO TECNOLÓGICAMENTE PUNTERO

Por la alta tecnología del armamento que se empleó en la guerra del Yom Kipur, este conflicto se considera el primero mecanizado de alta intensidad desde el final de la Segunda Guerra Mundial (1939-1945). Además de demostrar la importancia de los servicios secretos para desbaratar un ataque sorpresa, este conflicto árabe-israelí también se presentó como la oportunidad para probar diversas armas que jamás se habían usado en el campo de batalla. Esta alta tecnología tuvo una gran influencia en el desarrollo del conflicto. A pesar de esto, quedó probada una vez más la importancia del factor humano cuando se trata de liderar una batalla.

EN RESUMEN

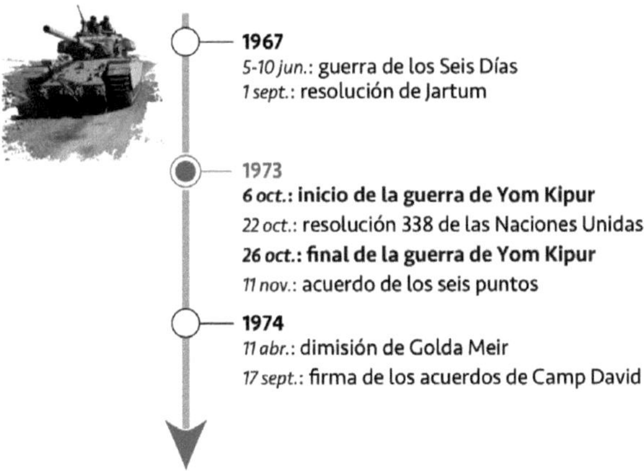

1967
5-10 jun.: guerra de los Seis Días
1 sept.: resolución de Jartum

1973
6 oct.: inicio de la guerra de Yom Kipur
22 oct.: resolución 338 de las Naciones Unidas
26 oct.: final de la guerra de Yom Kipur
11 nov.: acuerdo de los seis puntos

1974
11 abr.: dimisión de Golda Meir
17 sept.: firma de los acuerdos de Camp David

- Tras la victoria israelí contra Egipto, Siria y Jordania en la guerra de los Seis Días, se firma la Resolución de Jartum para definir una línea de conducta común entre los países árabes.

- El 6 de octubre de 1973, los ejércitos árabes atacan a los israelíes el día de Yom Kipur en la península del Sinaí y en los Altos del Golán, territorios que son respectivamente egipcio y sirio, y que Israel ocupa desde la guerra de los Seis Días.

- El 9 de octubre de 1973, Israel logra repeler los ataques sirios, pero se muestra dubitativo con Egipto, que continúa su avance y que ya controla toda la orilla del canal de Suez.

- La tesitura de Estados Unidos y de la URSS es difícil: no

quieren un enfrentamiento directo que pondría en riesgo el ambiente de tranquilidad, pero quieren mantener sus zonas de influencia respectivas en Oriente Próximo. Estados Unidos termina por acercarse a Egipto para forzar a Israel a que declare un alto el fuego, mientras que la URSS proporciona una parte —pero no la totalidad— de las armas que le pedían los países árabes.

- El 10 de octubre de 1973, se inicia un primer intento de alto el fuego, pero no lleva a ninguna parte. Las dos grandes potencias no se ponen de acuerdo sobre la manera con la que deben alcanzar una paz definitiva. Dos días más tarde, se desarrollan nuevas negociaciones. Israel acepta, pero el presidente egipcio se niega, salvo si Israel consiente retirarse de todos los territorios ocupados desde 1967.

- El 14 de octubre de 1973, el ejército israelí vence en el Sinaí y, ya al día siguiente, llega al canal de Suez.

- El 19 de octubre de 1973, mientras que el avance israelí se va definiendo, Estados Unidos y la URSS se ponen de acuerdo sobre la necesidad de un alto el fuego inmediato, ya que temen que Israel inflija una nueva derrota a los países árabes, lo que provocaría una reducción considerable de la producción petrolífera.

- El 22 de octubre de 1973, el Consejo de Seguridad de las Naciones Unidas se reúne e instaura un nuevo plan de paz: la Resolución 338. Se emplaza a los beligerantes a que pongan fin a toda actividad militar para poder iniciar las negociaciones para instaurar una paz duradera.

- Sin embargo, el ejército israelí se muestra ofendido por esta interrupción en su avance. Rompe el alto el fuego y rodea al Tercer Ejército egipcio en la orilla este del canal.

A continuación, se presenta una nueva propuesta de alto el fuego. Pero Anuar el Sadat se niega a firmar el acuerdo de paz mientras las dos grandes potencias no garanticen la seguridad de su ejército. El Consejo de Seguridad lo asegura enviando sobre el terreno a una Fuerza de Emergencia de las Naciones Unidas.

- El 26 de octubre de 1973, cesan los combates a ambos lados de las fronteras árabe-israelíes. Es el final de la guerra de Yom Kipur.

¡Tu opinión nos interesa!
¡Deja un comentario en la página web de tu librería en línea,
y comparte tus favoritos en las redes sociales!

PARA IR MÁS ALLÁ

FUENTES BIBLIOGRÁFICAS

- Decker, Alain y Bernard Nicolas. 1973. *Kilomètre 101. De la guerre du "Yom Kippour" à la Conférence de Genève.* Bruselas: Édition des Archers.
- Universalis, "Guerre du Kippour". Consultado el 8 de enero de 2017. http://www.universalis.fr/encyclopedie/guerre-du-kippour/ .
- Colectivo. 2005. "Guerre du Kippour". *Atlas historique du monde.* Toulouse: Édition Parragon.
- Heymans, Christine. 1982. *Le quatrième conflit is-raélo-arabe. La guerre du Kippour.* Lovaina la Nueva: s. n.
- Universalis, "Kippour". Consultado el 8 de enero de 2017. http://www.universalis.fr/recherche/?q=Kippour&btn_recherche=
- Laqueur, Walter. 1974. *La vraie guerre du Kippour.* París: Calmann-Lévy.
- Michal, Bernard. 1975. *Les guerres israélo-arabes.* Ginebra: Éditions Famot.
- Michel, Alain. 1998. *Racines d'Israël. 1948: une plongée dans 3 000 ans d'histoire.* París: Autrement, colección Mémoires.
- Mirel, Pierre. 1982. *L'Égypte des ruptures. L'ère Sadate, de Nasser à Moubarak.* París: Éditions Sindbad.
- Porat, Ben, Jonathan Gueffen, Uri Dan, Eytan Haaber, Hesi Carmel, Eli Landau y Eli Tavor. 1974. *Kippour.* París: Hachette.
- Razoux, Pierre. 2004. *La guerre des Six Jours (5-10 juin 1967). Du mythe à la réalité.* París: Economica.

- Razoux, Pierre. 1999. *La guerre du Kippour d'octobre 1973*. París: Economica.

FUENTES COMPLEMENTARIAS

- Meir, Golda. 1975. *Ma vie*. París: Robert Laffont.
- Schattner, Marius y Frédérique Schillo. 2013. *La guerre du Kippour n'aura pas lieu*. Waterloo: André Versailles.

FUENTES ICONOGRÁFICAS

- Retrato de Háfez al Asad de 1970, poco después de llegar al poder. La imagen reproducida está libre de derechos.
- Retrato de Golda Meir de 1964. La imagen reproducida está libre de derechos.
- Retrato de Anuar el Sadat. La imagen reproducida está libre de derechos.
- Aviones de guerra egipcios sobrevolando la línea Bar Lev. La imagen reproducida está libre de derechos.
- Tanque israelí cruzando el canal de Suez. La imagen reproducida está libre de derechos.

DOCUMENTALES

- *Israel and the Arabs: Elusive Peace. 1948-2005*. Dirigido por Norma Percy y Brian Lapping. Reino Unido: BBC, 2006.
- *Kippur*. Dirigido por Amos Gitai. Israel: Canal + y Agav Hafakot, 2000.